Leçons de Piano

Volume 2

Auteurs
**Barbara Kreader, Fred Kern,
Phillip Keveren, Mona Rejino**

Illustrations
Fred Bell

Traduction
Sylvie Fritsch

PRÉFACE

Au fur et à mesure de sa progression dans le recueil de **Leçons de Piano, Vol. 1**, l'élève a sans doute remarqué que jouer du piano était vraiment fantastique. Ce second volume, grâce à sa présentation ludique, permet d'en savoir davantage sur le fonctionnement de la musique et l'élève verra que tout en s'amusant il peut apprendre à jouer mieux encore. Pour acquérir avec facilité les nouveaux gestes techniques, un grand nombre d'exercices originaux et de chansons amusantes sont proposés.

Évidemment, on n'a pas toujours un professeur à ses côtés. L'accompagnement sur compact disc que l'on peut se procurer séparément rend le travail à la maison plus agréable. La pratique quotidienne devient plus motivante et les morceaux sonnent mieux encore.

Le recueil de **Leçons de Piano, Vol. 2** peut être accompagné du recueil de **Solos pour Piano, Vol. 2** où l'élève trouve encore plus de chansons agréables à jouer et à écouter. Pour accompagner ces solos, il existe également un compact disc vendu séparément.

S'exercer devient un vrai plaisir !

Référence : 0579-00-401 DHE

ISBN 978-90-431-1093-8
NUGI 443

de haske®

LE SYSTÈME
(La portée)

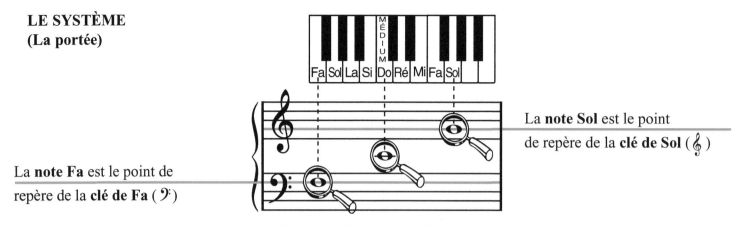

La **note Sol** est le point
de repère de la **clé de Sol** (𝄞)

La **note Fa** est le point de
repère de la **clé de Fa** (𝄢)

Le Do médium sert de liaison
entre la clé de Fa et la clé de Sol.

LA VALEUR DES NOTES

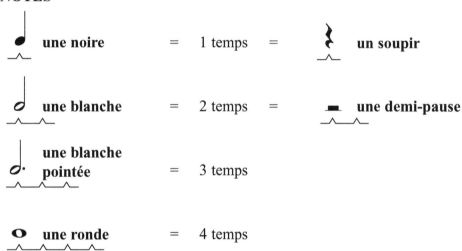

♩ **une noire**   =   1 temps   =   𝄽 **un soupir**

♩ **une blanche**   =   2 temps   =   ▬ **une demi-pause**

♩. **une blanche pointée**   =   3 temps

○ **une ronde**   =   4 temps

LES NUANCES expriment les différences d'intensité sonore qui rendent la musique plus vivante.

p (piano) = doux
mp (mezzo piano) = moyennement doux
mf (mezzo forte) = moyennement fort
f (forte) = fort

TERMES MUSICAUX

chiffres indicateurs de mesure $\frac{4}{4}$ $\frac{3}{4}$ **signe de reprise** 𝄆

D.C. (Da Capo) al Fine indique qu'il faut revenir au début du morceau (*Capo*) et poursuivre jusqu'au mot fin (*Fine*).

 les secondes 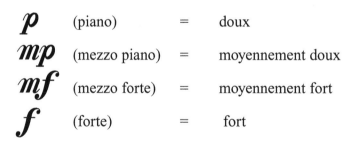 **les tierces**  **notes liées**

LE MOUVEMENT exprime la vitesse d'exécution, le caractère de la pièce.

Adagio   Andante   Allegro
lent   *modéré (allant)*   *vif, allègre*

SOMMAIRE

* Pour suivre sa progression, l'élève peut cocher les morceaux déjà joués.

CHAPITRE 1

Nouvelles Notes – Do Ré Mi

LA PAUSE

est un silence d'une mesure entière, quelle que soit cette mesure.

Rappelle-toi :

À chaque fois que tu rencontres cette loupe, tu vas devoir y inscrire le nom de la note.

Le miroir

Barbara Kreader

Moderato

mp Est- ce que je suis l'i - mage que je vois dans le mi - roir ?

Ou est-ce que c'est le re - flet du mi - roir qui est moi ?

Accompagnement (l'élève joue une octave plus haut.) **1/2**

Moderato (♩=120)

p

L'accompagnement est également disponible sur un compact disc que l'on peut se procurer séparément.

Ma chanson
Improvisation sur Do, Ré, Mi, Fa, Sol

Place les deux mains de façon à pouvoir jouer les notes Do, Ré, Mi, Fa, Sol. Écoute et essaie de ressentir la pulsation que te donne ton professeur en jouant l'accompagnement.

Avec la main droite, joue les notes Do, Ré, Mi, Fa, Sol puis dans l'ordre inverse, c'est-à-dire Sol, Fa, Mi, Ré, Do. Rejoue le morceau en mélangeant les notes et crée ta propre chanson.

Avec la main gauche, joue les notes Do, Ré, Mi, Fa, Sol puis dans l'ordre inverse, c'est-à-dire Sol, Fa, Mi, Ré, Do. Rejoue le morceau en mélangeant les notes. À toi d'improviser.

Amuse-toi bien !

Accompagnement

Moderato (♩ =120)

Répéter autant de fois qu'il le faut   Dernière fois

Hymne à la Joie

Majestueusement

Ludwig van Beethoven
(1770-1827)
Arrangé par Fred Kern

Accompagnement (l'élève joue une octave plus haut.)

Majestueusement (♩=105)

Mélodie de Carmen

Georges Bizet
(1838-1875)
Arrangé par Fred Kern

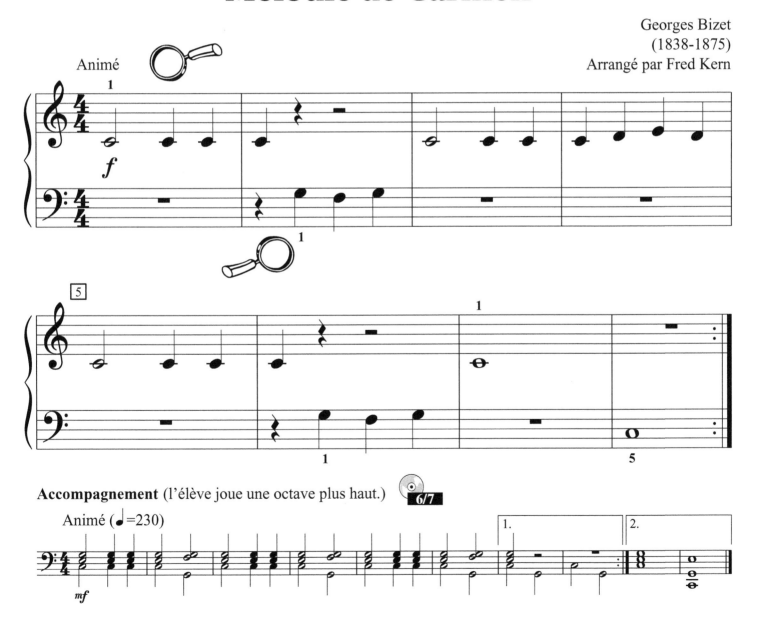

Andantino

Louis Köhler
(1820-1886)
Arrangé par Fred Kern

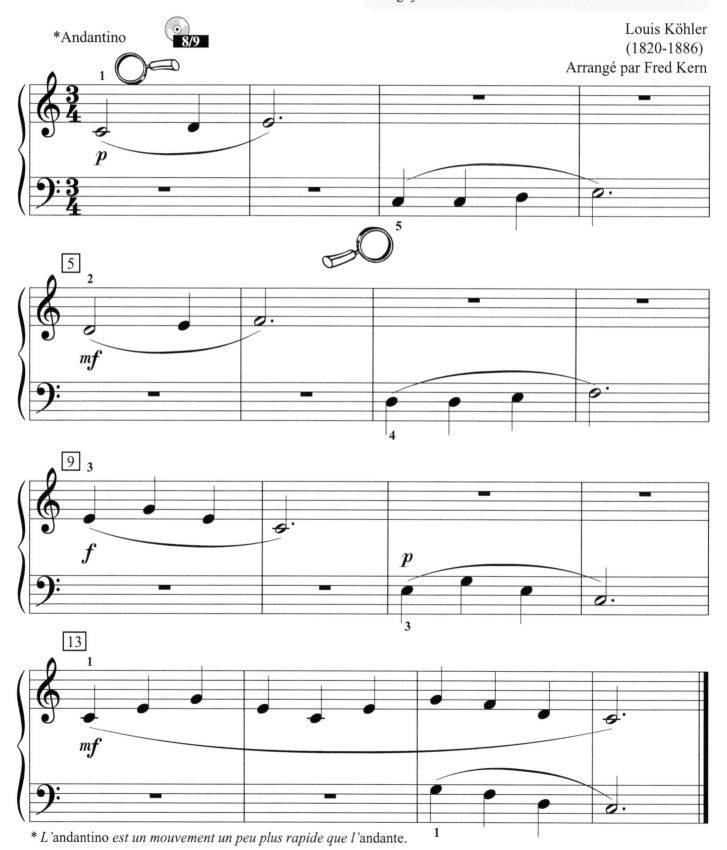

* L'andantino *est un mouvement un peu plus rapide que l'*andante.

Big Ben

Régulier (♩=120) **10/11**

Air traditionnel

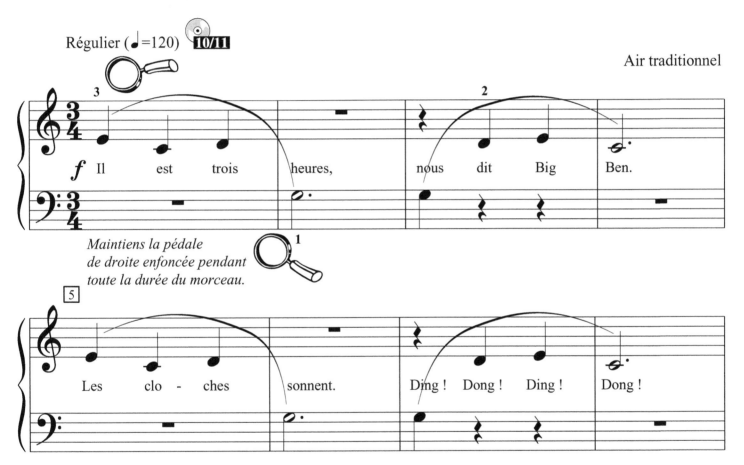

Maintiens la pédale de droite enfoncée pendant toute la durée du morceau.

Il est trois heures, nous dit Big Ben.

Les clo - ches sonnent. Ding ! Dong ! Ding ! Dong !

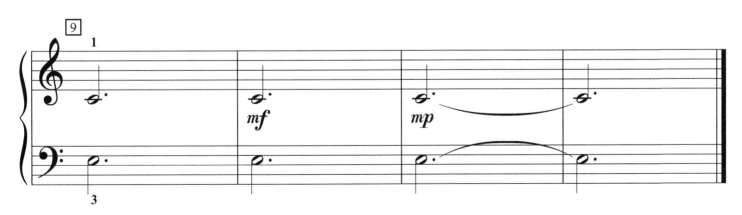

L'INTERVALLE

On nomme **intervalle** la distance qui sépare une touche d'une autre.

Un intervalle de Seconde

Un intervalle de Tierce

Il existe deux formes d'intervalles :

L'intervalle mélodique – qui fait entendre les sons successivement.
L'intervalle harmonique – qui fait entendre les sons simultanément.

Joue avec la main gauche les intervalles suivants :

Secondes mélodiques   Secondes harmoniques   Tierces mélodiques   Tierces harmoniques

Les abeilles

Piquant (♩=155) **12/13**

Barbara Kreader

mf Qu'elles s'en aillent, les a - beilles, sur une rose pour

bu - ti - ner au lieu de se po - ser

sur mon nez. Bzz, Bzz. Non ! Aïe ! *f*

Do le plus grave du piano.

10

LE STACCATO

Lorsque les notes sont courtes et piquées, on dit qu'elles sont jouées **staccato**.

Le point placé au-dessus ♩ ou en dessous ♩ d'une note indique le **staccato**.

Jouer **staccato** revient à écourter la note dès qu'elle est jouée.

La chanson de l'âne

Joyeux et bien détaché (♩=140) **14/15**

Mélodie du Guatemala

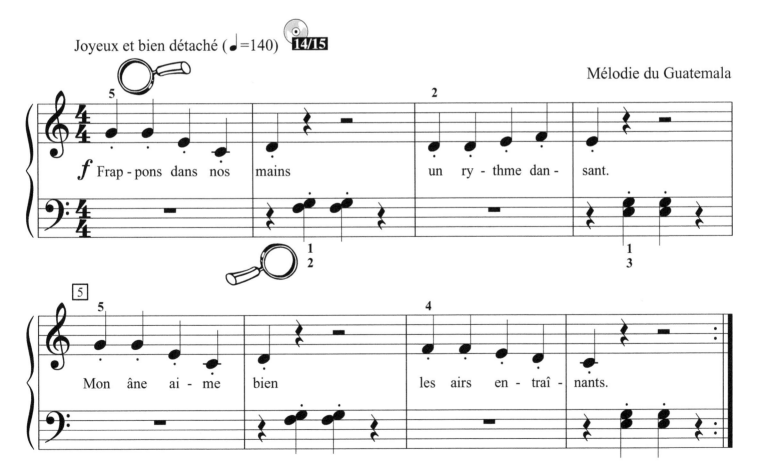

f Frap - pons dans nos mains   un ry - thme dan - sant.

Mon âne ai - me bien   les airs en - traî - nants.

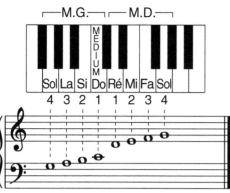

CHAPITRE 2

LA QUARTE

Si tu veux jouer un intervalle de quarte sur le clavier, il te faudra :
- passer de la touche choisie à celle située trois touches plus loin.
- passer du doigt 1 au doigt 4, du doigt 2 au doigt 5 et vice-versa.
- passer du Do au Fa, du Ré au Sol, etc.

Sur la portée, on obtient un intervalle de quarte en sautant deux notes. La quarte se situe sur une ligne si l'on part d'un interligne et dans un interligne si l'on part d'une ligne.

La fête du village

Janet Medley

Accompagnement (l'élève joue une octave plus haut.) **16/17**

Avec gaieté (♩=150)

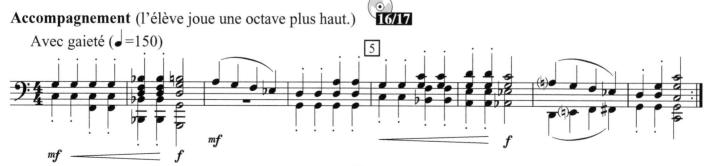

La forêt ensoleillée

Fluide (♩=120)

Phillip Keveren

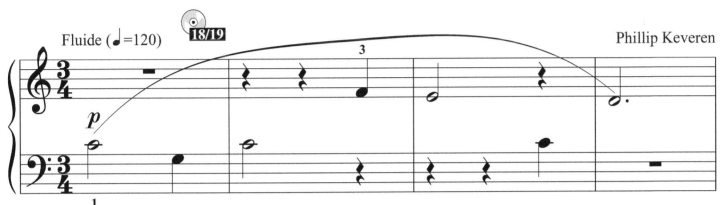

Joue une octave plus haut en maintenant la pédale de droite enfoncée pendant toute la durée du morceau.

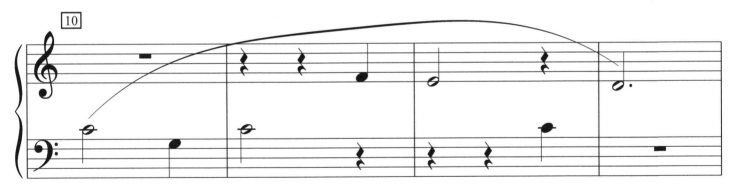

Bingo

Avec entrain

Air traditionnel

mf Il é - tait une fois dans une ferme un chien qui s'app'- lait Bin - go.

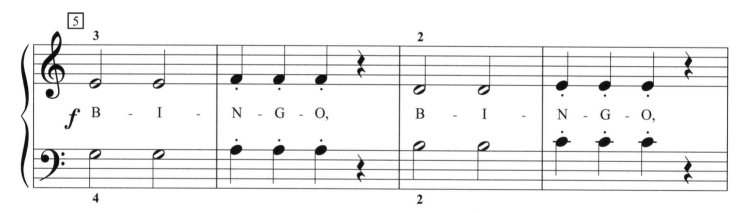

f B - I - N - G - O, B - I - N - G - O,

B - I - N - G - O, un chien qui s'app'- lait Bin - go.

Accompagnement (l'élève joue une octave plus haut.)

Avec entrain (♩=140)

mp   *mf*

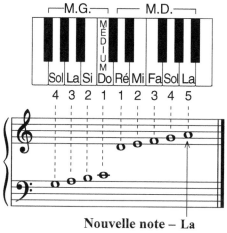

Nouvelle note – La

Dans la prairie

Italo Taranta

Avancer sans traîner

Accompagnement (l'élève joue une octave plus haut.)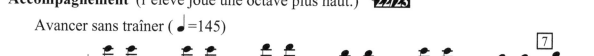

Avancer sans traîner (♩=145)

On crée des **NUANCES DE SONS** en variant le degré d'intensité par lequel peuvent passer un ou plusieurs sons. Cette intensité peut aller d'un son faible à un son fort ou, inversement, d'un son fort à un son faible.

Crescendo	**Decrescendo**
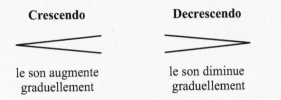	
le son augmente graduellement	le son diminue graduellement

Solitude

Italo Taranta

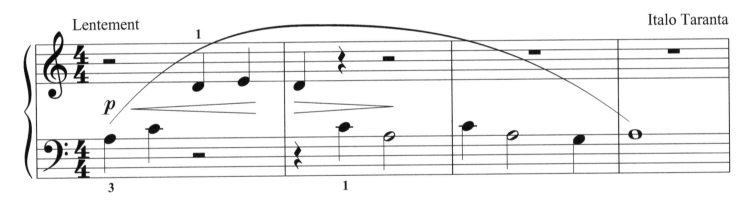

Accompagnement (l'élève joue une octave plus haut.) **24/25**

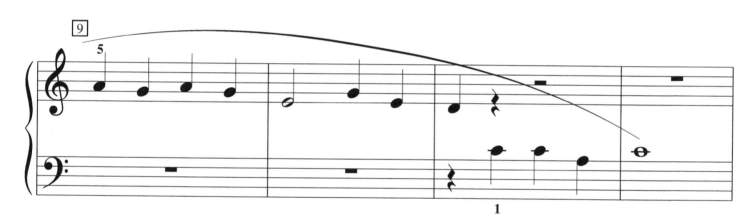

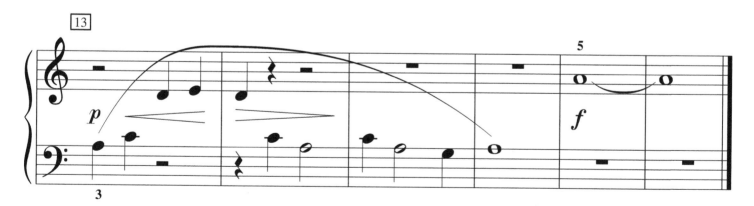

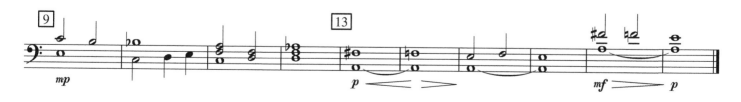

Mon cheval à bascule

Phillip Keveren

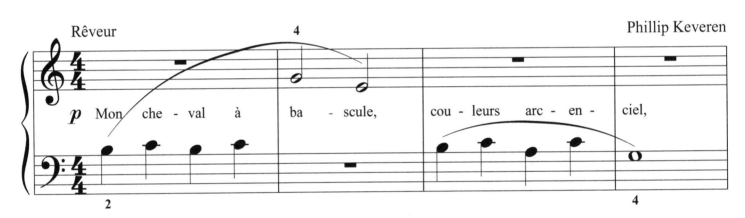

Rêveur

p Mon che - val à ba - scule, cou - leurs arc - en - ciel,

il s'ap - pel - le Bi - dule, il m'est très fi - dèle.

Accompagnement (l'élève joue deux octaves plus haut.)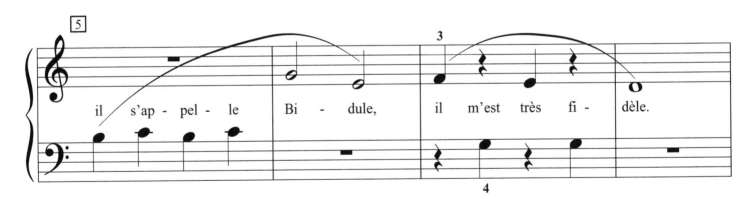

26/27

Rêveur (♩=95)

p

Avec pédale

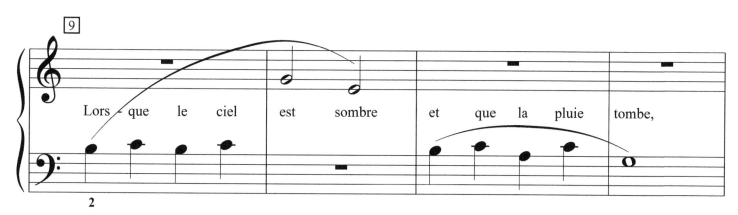

Lors - que le ciel est sombre et que la pluie tombe,

nous jou - ons dans ma chambre, c'est si bien !

Le tic tac jazz

Régulier, comme le tic tac d'une horloge

Bill Boyd

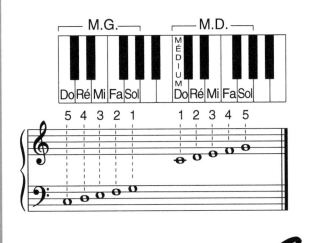

CHAPITRE 3

Si tu veux jouer un intervalle de quinte sur le clavier, il te faudra :
- passer de la touche choisie à celle située quatre touches plus loin.
- passer du doigt 1 au doigt 5.
- passer du Do au Sol, du Ré au La, etc.

Sur la portée, on obtient un intervalle de quinte en sautant trois notes. La quinte se situe sur une ligne si l'on part d'une ligne et dans un interligne si l'on part d'un interligne.

Aquarelle

Délicatement (♩=105)

Phillip Keveren

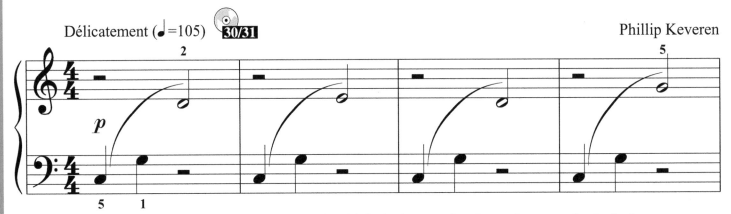

Joue une octave plus haut en maintenant la pédale de droite enfoncée pendant toute la durée du morceau.

Laisse sonner !

La ronde

Animé (♩=165)

Phillip Keveren

Formez un cercle puis suivez la mélodie.

Tournez et tournez encore et encore.

Fine

D.C. al Fine

23

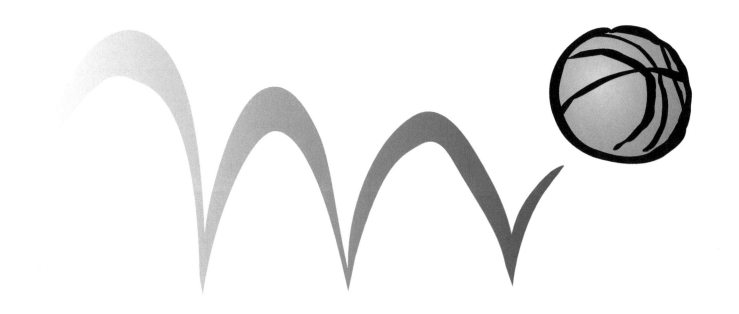

Basket-ball

Tempo "de dribble" (Avec énergie !) (♩=190) **34/35**

Phillip Keveren

Allegro

8va ---,

L'abréviation **8va---** , placée au-
dessus d'une ou plusieurs notes
indique qu'il faut jouer une
octave (c'est-à-dire huit notes)
au-dessus de ce qui est écrit sur la
partition.

Anton Diabelli
(1781-1858)
Arrangé par Fred Kern

Bonnes nouvelles !

Avec enthousiasme (♩=170) **38/39**

Bruce Berr

26

Fanfare d'ouverture

Triomphal (♩=110) **40/41**

Phillip Keveren

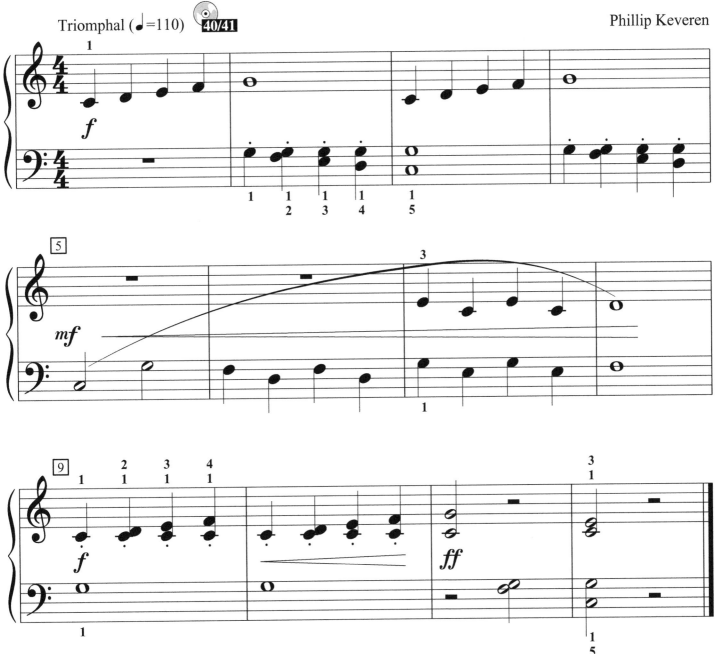

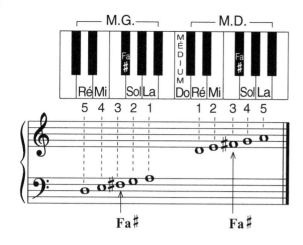

CHAPITRE 4

LE DIÈSE

#

Le **dièse** élève d'un demi-ton le son de la note devant laquelle il est placé. Cela signifie qu'il faut jouer la touche (noire ou blanche) à la droite de la note naturelle.

La petite rivière

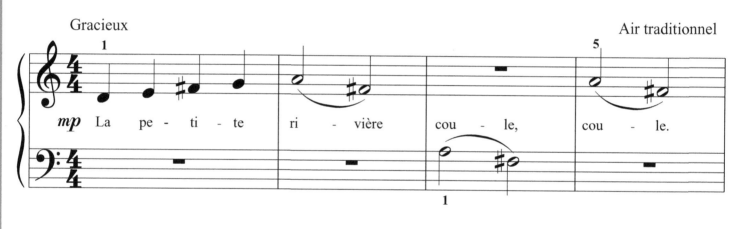

Gracieux   Air traditionnel

mp La pe – ti – te   ri – vière   cou – le,   cou – le.

La pe – ti – te   ri – vière   s'en va vers la   mer.

Accompagnement (l'élève joue une octave plus haut.) 42/43

Gracieux (♩=145)

p

Avec pédale

Rêverie

H. Berens
(1826–1880)
Opus 62
Arrangé par Fred Kern

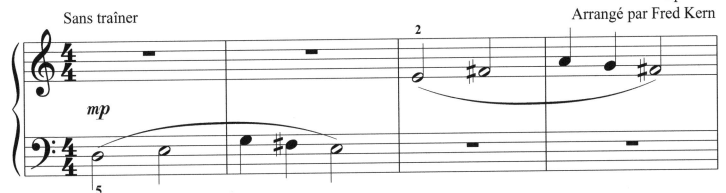

Placé devant la note qu'il modifie,
le dièse altère toutes les notes de
même nom dans la mesure.

Accompagnement (l'élève joue une octave plus haut.) **44/45**

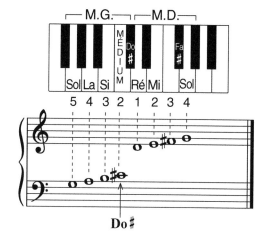

Do ♯

La forme ABA

Dans "La conquête des étoiles", les systèmes un et deux correspondent à la partie A. Les systèmes trois et quatre correspondent à la partie B. Après avoir interprété le passage B, on termine la pièce en reprenant le passage A.

La forme de cette pièce est ABA.

La conquête des étoiles

Phillip Keveren

A

Marche héroïque

f Par - tons à la con - quête de notre u - ni - vers.

Fine

Dé - cou - vrons les pla - nètes du sys - tème so - laire.

Accompagnement (l'élève joue une octave plus haut.) 46/47

Marche héroïque (♩=120)

mf

Fine

B

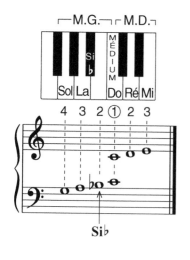

LE BÉMOL

♭

Le **bémol** abaisse d'un demi-ton le son de la note devant laquelle il est placé. Cela signifie qu'il faut jouer la touche (noire ou blanche) à la gauche de la note naturelle.

Latino

Modérément vite

Bill Boyd

Accompagnement (l'élève joue une octave plus haut.) **48/49**

Modérément vite (♩=170)

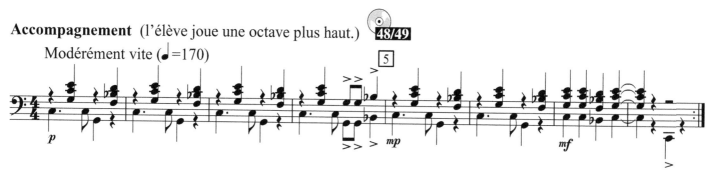

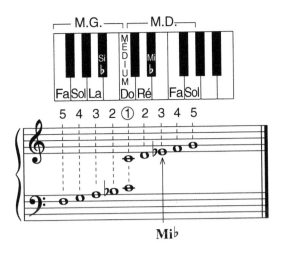

Mi♭

Les claquettes

Garde le tempo ! (♩=190) **50/51**

Bill Boyd

La touche du Ré♯ est la même que celle du Mi♭.

33

RITARDANDO

Ritard. ou *Rit.* signifie qu'il faut ralentir le tempo graduellement.

Lumière du matin

Mélodie celtique
Arrangé par Fred Kern

Accompagnement (l'élève joue une octave plus haut.) 52/53

Avec douceur (♩=120)

34

LE BÉCARRE

Le **bécarre** annule l'effet du dièse ou du bémol. Cela signifie que la note revient à sa hauteur naturelle.

Inspecteur Duchien

Phillip Keveren

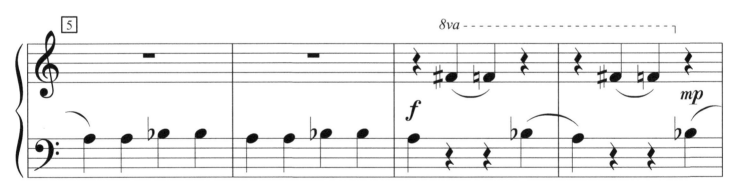

Passe la M.D. au-dessus de la M.G.

Le Ré le plus grave du piano

POINT D'ORGUE

Le **point d'orgue** indique que la note au-dessus de laquelle il est placé doit être prolongée. C'est à l'interprète de décider de la durée de la note.

Le Blues des bayous

Phillip Keveren

Blues lent (♩=110) 56/57

8va

Enfonce la pédale de droite

Sérénade

Amoureusement

Italo Taranta

Accompagnement (l'élève joue une octave plus haut.) 58/59

Amoureusement (♩=145)

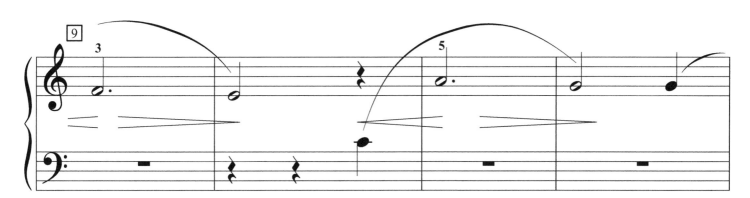

Un dièse placé devant une note ne s'applique qu'à une seule mesure.

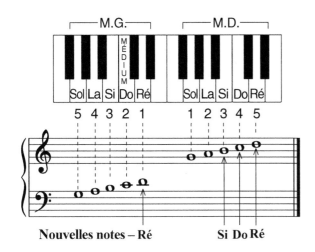

CHAPITRE 5

LES LIGNES SUPPLÉMENTAIRES

Pour inscrire des notes qui n'ont pas leur place sur l'une des cinq lignes de la portée, on ajoute des **lignes supplémentaires**.

Alouette

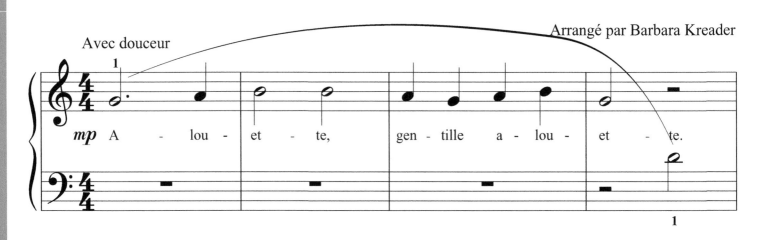

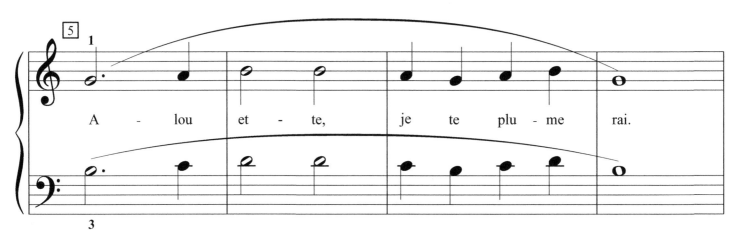

Accompagnement (l'élève joue une octave plus haut.)

Ma chanson
Improvisation sur Sol, La, Si, Do, Ré

Place les deux mains en position de Sol. Écoute et essaie de ressentir la pulsation que te donne ton professeur en jouant l'accompagnement.

Avec la main droite, joue les notes Sol, La, Si, Do, Ré. Ensuite, joue-les dans l'ordre inverse, c'est-à-dire Ré, Do, Si, La, Sol. Rejoue le morceau en mélangeant les notes et crée ta propre chanson.

Avec la main gauche, joue les notes Sol, La, Si, Do, Ré. Ensuite, joue-les dans l'ordre inverse, c'est-à-dire Ré, Do, Si, La, Sol. Rejoue le morceau en mélangeant les notes. À toi d'improviser.

Amuse-toi bien !

Accompagnement 62

Valse jazz (♩=170)

Répéter autant de fois qu'il le faut | *Dernière fois*

Pop !

Gai (♩=200) **63/64**

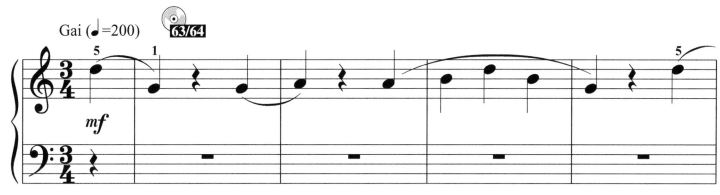

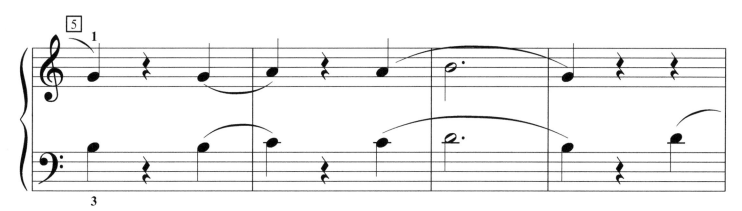

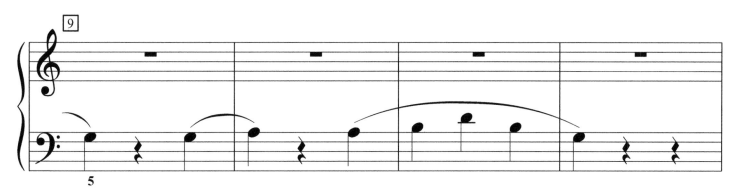

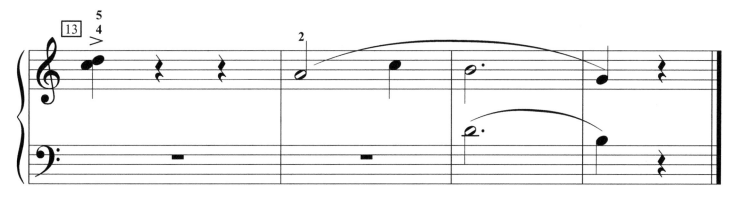

Bonne nuit les enfants

Andante

Air traditionnel

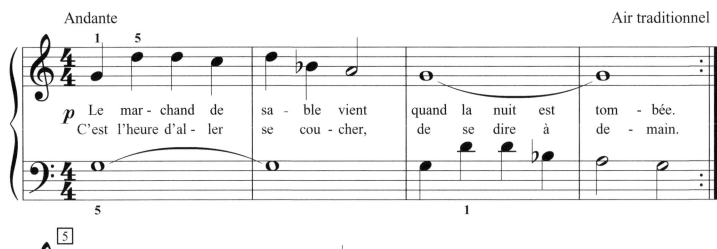

p Le mar - chand de sa - ble vient quand la nuit est tom - bée.
C'est l'heure d'al - ler se cou - cher, de se dire à de - main.

Fai - tes de beaux rêves, dor - mez. Vo - tre ma - man n'est pas loin.

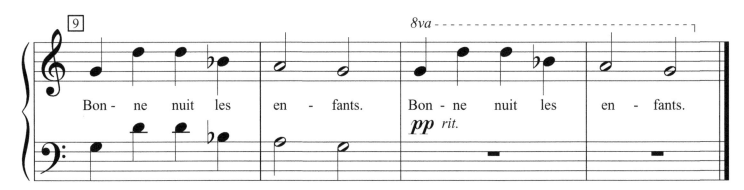

Bon - ne nuit les en - fants. Bon - ne nuit les en - fants.
pp rit.

Accompagnement (l'élève joue une octave plus haut.) **65/66**

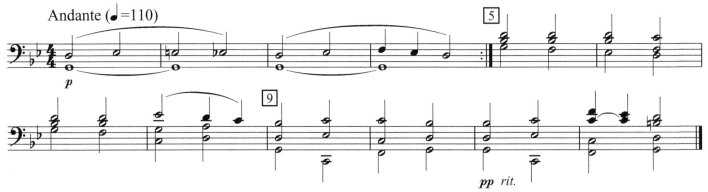

Andante (♩=110)

p

pp rit.

Gigue

Dansant (♩=210)

Mélodie irlandaise

Joue cette mesure la 1ère fois

1.

Joue cette mesure la 2ème fois

2.

45

Vers l'or

Marche solennelle

Phillip Keveren

Accompagnement (l'élève joue une octave plus haut.)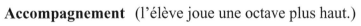

Marche solennelle ($\quad$=90)

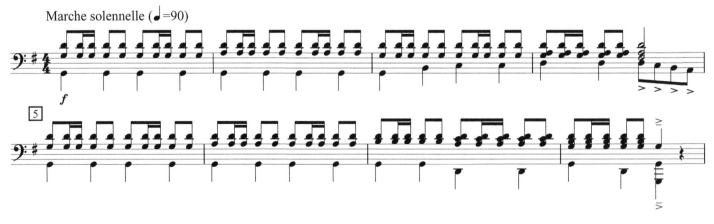

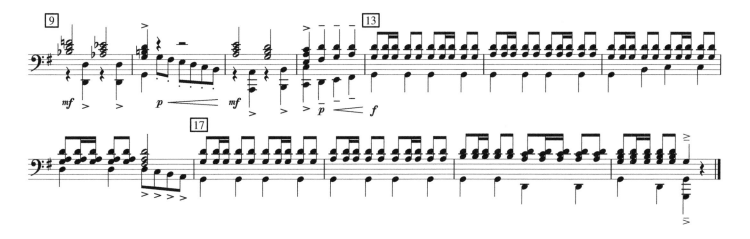